DER WECHSEL- UND GIROVERKEHR

EINE EINFÜHRUNG IN DIE BARGELDLOSE ZAHLUNGSWEISE

VON

GEORG WAIBEL

19 48

LEIBNIZ VERLAG MÜNCHEN
BISHER R. OLDENBOURG VERLAG

Georg Waibel, geb. am 12. 4. 1878 in Unterthingau, Studienrat an der Städt. Riemerschmid Handelsschule, München.

 Veröffentlicht unter der Zulassungsnummer US-E-179 der Nachrichtenkontrolle der Militärregierung (Dr. Manfred Schröter und Dr. Rudolf C. Oldenbourg). Auflage: 20000. Gedruckt und gebunden bei R. Oldenbourg, Graphische Betriebe G. m. b. H. München.

VORWORT

Die durch die Währungsreform entstandene Verknappung des Geldes hat den Wechsel- und Giroverkehr wieder in den Vordergrund des Geschäftslebens gerückt. Besonders war der Gebrauch des Wechsels, mit dem sich heute alle Kaufleute, Handwerker und Gewerbetreibenden wieder vertraut machen müssen, ganz außer Übung gekommen. Mit der vorliegenden Einführung in die Verfahren des bargeldlosen Verkehrs soll in knapper und dennoch erschöpfender Form ein den neuesten Bestimmungen entsprechender Leitfaden geschaffen werden, an Hand dessen sich jedermann über alle in der Praxis vorkommenden bargeldlosen Zahlungsweisen unterrichten kann. Dabei wurde der Darstellung aller Arten von Wechseln der größte Raum zugewiesen. Bei der Abfassung und der Gliederung des Textes wurde weitgehend auch den Erfordernissen der Handels- und Fortbildungsschulen Rechnung getragen.

Der Verlag.

INHALTSVERZEICHNIS

Ein ausreichender Geldvorrat, landläufig Kapital* oder Geldkapital genannt, ist für den dauernden Betrieb einer Unternehmung unerläßlich.

DAS GELD

Begriff. Geld, mittelhochdeutsch gelt, bedeutet gelten, Vergeltung, Ersatz. Es ist ein wirtschaftliches Gut, das als allgemeines Tauschmittel und als Wertmesser für den Tausch aller Güter verwendet wird, also im weitesten Sinne alles, was Zahlkraft hat.

Münzen. Mit Stempel versehene Geldstücke nennt man Münzen (vom lat. moneta), die schon früh die für sie geeignetste Gestalt, die Scheibe, zeigen. Zwar wurden auch vier-, sechs- und achteckige Platten sowie kugelähnliche Klumpen angewendet. Die Namen der bekanntesten ältesten Münzen sind Gewichtsbezeichnungen, z. B. Talent, Stater, Drachme, Obolos, Denar, Lira, Livre, Pfund, Peso, Mark.

Äußerlich unterscheidet man bei der Münze die Vorderseite oder den Avers und die Kehrseite oder den Revers. Das Gepräge bezeichnet den Nennwert und schützt die Oberfläche vor betrügerischer Entziehung (Rändelung). Außer dem Bilde des Staatsoberhauptes, dem Landeswappen usw. zeigen eine oder beide Seiten noch eine besondere Inschrift bzw. Umschrift, die Legende.

Man kann die Münzen einteilen nach dem Stoff in Gold-, Silber-, Nickel- und Kupfermünzen, nach dem Gehalt in Kurant- und Scheidemünzen.

Kurantmünzen (frz. monnaie courante = umlaufende Münze) sind vollwertige Edelmetallmünzen.

Scheidemünzen (aus Kupfer, Nickel mit teilweisem Silbergehalt) sind Wechselmünzen. Sie sind unterwertig.

Das Münzregal oder Münzrecht, d. i. die alleinige Befugnis Münzen herzustellen, besitzt der Staat (früher auch Adelige, Zünfte, Städte). Diesem steht auch das Recht zu, gesetzliche Vorschriften über das Geldwesen zu erlassen (Münzhoheit).

Währung (von währen) ist das gesetzliche Zahlungsmittel, mit dem man zahlen kann und muß. Jeder Staat hat eine Währungseinheit, z. B. Mark-, Gulden-, Pfund-, Dollarwährung.

Unter Währung versteht man aber auch die Gesamtheit der gesetzlichen Bestimmungen über das Geld eines Staates.

---

* Unter Kapital versteht man im bürgerlichen Sprachgebrauch Bargeld. Der Volkswirtschaftler versteht darunter Güter, die der Mensch herstellte und mit deren Hilfe er wieder andere Güter fertigt, z. B. Maschinen. Der Buchhalter versteht unter Kapital den Unterschied zwischen Aktiva und Passiva (Eigenkapital).

Im Barzahlungsverkehr stets auf Münz- und Notenfälschungen, „aufgerufene" sowie ungültige Noten achten!

Papiergeld ist ein Ersatzmittel des Metallgeldes. Es besitzt nur Wert in seiner Eigenschaft als Schuldschein (eine Banknote ist ein Zahlungsversprechen) und stützt sich auf das Vertrauen des Empfängers, daß er es in gleichem Wert wieder werde verwenden können. Der Staat hat in der Gestalt von Steuern, Gebühren usw so viele und große Bezahlungen von allen Staatsangehörigen zu empfangen, daß Papiergeld, das von allen öffentlichen Kassen zu seinem Nennwert angenommen wird, dadurch allein schon genügende Sicherheit besitzt. Es dient ferner dazu, in Zeiten der Not, dem Mangel an Metallgeld abzuhelfen. Von Papiergeld bei den Chinesen und andern Völkern Asiens wußte schon Marco Polo zu berichten. Ledergeld der Karthager!

Wünschenswert wäre, daß die Währungen der verschiedenen Staaten untereinander in einem möglichst gleichbleibenden Verhältnis verharren.

Internationale Münzeinheit. Der Gedanke der Herstellung einer allgemeinen internationalen Münzeinheit, der 1867 auf einer internationalen Münzkonferenz in Paris ernstlich besprochen wurde, führte zu keinem Erfolg, tauchte aber in neuester Zeit wieder auf (Weltwährung).

Münzkonventionen. Man versteht darunter vertragsmäßige Münzeinigungen selbständiger Staaten (Konvention lat. = Übereinkunft, Abkommen). Am bekanntesten ist die Lateinische Münzkonvention vom 23. Dezember 1865 zwischen den Ländern des Frankensystems: Frankreich, Belgien, Italien, Schweiz — später traten noch Griechenland und Monaco bei — sowie die Münzkonvention zwischen den skandinavischen Staaten 1873. Der Zweck der Münzkonventionen liegt in der Erweiterung des Münzgebietes und der dadurch bedingten Erleichterung des Verkehrs.

DIE BARZAHLUNG

1. Barzahlung von Hand zu Hand (Zug um Zug) liegt vor, wenn der Kunde die Ware an sich nimmt und sie gleichzeitig mit Münzen oder Banknoten bezahlt. Sie ist die Zahlungsweise im Ladengeschäft. Quittungen sind nicht notwendig und üblich. Immerhin werden dem Kunden häufig Kassenzettel ausgehändigt.

2. Barzahlung durch die Post. Der Schuldner kann den Gläubiger durch Zuhilfenahme der Post bezahlen:

a) Durch Geldbrief. Die Geldsumme wird im versiegelten Umschlag als Wertbrief an den Empfänger gesandt.

b) durch Postanweisung (nur bis 1000 DM in 1 Anweisung). Die Geldsumme wird vom Absender bei seiner Poststelle in bar einbezahlt und durch die Poststelle des Empfängers diesem ausbezahlt. Die Versendung der Geldsumme fällt fort, da jede Poststelle genügend Bargeld zur Verfügung hat (Verrechnung der Post). Postanweisungen können auf Antrag auch telegraphisch erledigt werden.

Vergleiche an Hand von Tabellen die Postgebühren für Geldbrief und Postanweisung!

3. Der Gläubiger kann bei seinem Schuldner die Barzahlung einziehen lassen durch

a) Postauftrag, b) Postnachnahme.

Der Postauftrag wird dem Zustellpostamt in verschlossenem Briefe übersandt.

Bei der Nachnahme wird dem Empfänger die Postsendung (= die Ware) nur gegen Zahlung des Nachnahmebetrages ausgehändigt. In beiden Fällen werden die anfallenden Postgebühren meist dem Empfänger berechnet.

Fülle Vordrucke der Post hierfür aus!

Der reine Barzahlungsverkehr ist mit erheblichen Kosten und Gefahren verbunden und bringt manche Unbequemlichkeiten mit sich. (Welche?)

DER BARGELDLOSE ZAHLUNGSVERKEHR

Der bargeldlose und bargeldsparende Zahlungsverkehr hat heute, wo der Kreditverkehr vielfach die Barzahlung verdrängt hat (Zeitalter der Kreditwirtschaft), eine ungeheure Bedeutung erlangt.

Bei dem Kredit-,* Ziel- oder Borggeschäft zahlt der Kunde erst einige Zeit nach Empfang der Ware. Dem Kunden wird ein Ziel von 1, 2 oder 3 Monaten gewährt.

Dem bargeldlosen Zahlungsverkehr (Giroverkehr) dienen der Scheck, die Postscheckämter, der Wechsel sowie Banken und Sparkassen (Kreditinstitute) durch Umbuchungen und Überweisungen.

*a) Der Bankscheckverkehr***

(Scheckgesetz v. 14. 8. 33)

Voraussetzung ist ein Bankguthaben. Wir stellen den Antrag auf Eröffnung eines Scheckkontos und unterzeichnen die uns von der Bank vorgelegten, gedruckten Geschäftsbedingungen. Die Namens-

* lat von creditum = das Geglaubte; credo = ich glaube. Der Gläubiger glaubt, daß er den Geldbetrag nach abgelaufener Frist erhält.

** Der Name Scheck geht zurück auf die Zahlunganweisungen „Cheques" der englischen Könige an ihren Rechnungshof

unterschrift des Bankkunden dient zur Prüfung der Echtheit seiner späteren Unterschriften.

Errichtet die Ehefrau, die mit ihrem Mann in sog. „gesetzlichen Güterstand" lebt, ein Scheckkonto, so muß sie die vom Ehemann unterzeichnete „eheherrliche Genehmigung" vorlegen.

Unser Scheckkonto erhält eine Nummer.

Wir erhalten von der Bank ein Scheckheft, das 25, 50 oder 100 fortlaufend numerierte Schecke enthält, von denen jeder unsere Kontonummer trägt.

Auch erhalten wir ein sog. Konto-Gegenbuch, in das die Ein- und Auszahlungen eingetragen werden. Auf der rechten Seite dieses Buches werden von der Bank die Einzahlungen zugunsten des Kunden gebucht und quittiert; die linke Seite führt der Kunde selbst, indem er alle abgehobenen Beträge einträgt. Auf diese Weise kann der Scheckkunde immer sein Guthaben bei der Bank selbst feststellen und braucht keine losen Quittungsformulare aufzubewahren (Tagesauszüge).

Große Firmen lassen im Einverständnis mit der Bank ihre Scheckhefte selbst herstellen.

Der Scheck ist die schriftliche Anweisung eines Bankkunden auf sein Guthaben bei der Bank.

Er bestand bisher aus einem schmalen linken Abschnitt, Talon, Stammleiste oder Kontrollabschnitt genannt, und aus einem größeren Hauptteil, dem eigentlichen Scheck. Beide Teile tragen die gleiche Nummer und sind durch eine perforierte Linie (lat. perforare = durchlöchern) leicht von einander trennbar. Seit kurzem verwendet die Bank aus Gründen der Papierersparnis Schecks ohne Kontrollabschnitt (s. Beispiel).

Die Schecke aller deutschen Banken sind genormt, d. h. sie haben dieselbe Größe und den gleichen Text.

Ein Scheckformular richtig auszufüllen, ist denkbar einfach. In folgendem Scheck ist Georg Plank der Aussteller, die Bayerische Gemeindebank der Bezogene, Karl Erdt der Scheckempfänger.

Karl Erdt kann bei der Bayerischen Gemeindebank gegen Abgabe dieses Schecks DM 500.— in bar abheben oder um Gutschrift des Betrages ersuchen. Er kann aber auch ohne jede Formalität jemand beauftragen, für ihn das Geld unter Vorlage des Schecks einzukassieren, und endlich kann er den Scheck einem beliebigen Gläubiger übergeben, dem er DM 500.— schuldet. „Wer einen Scheck weitergibt, hat Geld." Der Scheck ist also ein Zahlungsmittel.

Die Bank zahlt die Schecksumme dem Überbringer (Vorzeiger, Inhaber) aus, ohne daß sich dieser legitimieren (= ausweisen) muß. Sie kümmert sich in der Regel nicht darum, auf welche Weise der Überbringer in den Besitz des Schecks gekommen ist, und verlangt von diesem lediglich dessen Unterschrift auf der Rückseite des Schecks. Ein solcher Scheck heißt Überbringerscheck (Inhaberscheck). Er ist so recht ein Inhaberpapier. Deshalb darf die Klausel „oder Überbringer" nicht durchgestrichen werden. Wird sie dennoch ausgestrichen, so zahlt die Bank den Scheck nicht aus. Es gibt fast nur noch Überbringerschecke. In der Praxis wird meist nicht angegeben, an wen der Scheck ausbezahlt werden soll; der Zusatz „oder Überbringer" macht diese Angabe geradezu überflüssig.

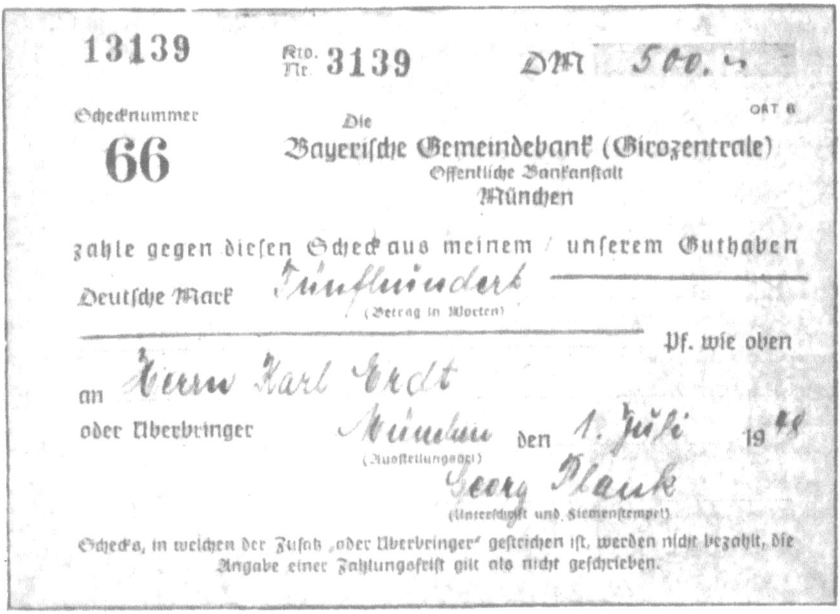
13139 Kto. Nr. 3139 DM 500.—

Schecknummer 66

Die Bayerische Gemeindebank (Girozentrale) Öffentliche Bankanstalt München

zahle gegen diesen Scheck aus meinem / unserem Guthaben

Deutsche Mark Fünfhundert (Betrag in Worten) Pf. wie oben

an Herrn Karl Erdt

oder Überbringer München (Ausstellungsort) den 1. Juli 1948

Georg Blank (Unterschrift und Firmenstempel)

Schecks, in welchen der Zusatz „oder Überbringer" gestrichen ist, werden nicht bezahlt, die Angabe einer Zahlungsfrist gilt als nicht geschrieben.

Die wesentlichen Bestandteile des Schecks:

1. der Bezogene (Bank oder bankähnliches Institut),
2. der Zahlungsort (München),
3. das Wort Scheck im Schecktext (... gegen diesen Scheck ...),
4. Zahlungsklausel mit Angabe der Summe (DM 500.—),
5. Ort und Tag der Ausstellung (München, den 1. Juli 1948),
6. eigenhändige Unterschrift des Ausstellers (Georg Blank).

Jede Urkunde, die diese gesetzlichen Bestandteile enthält, ist ein gültiger Scheck. Da aber die Banken im Kontokorrentvertrag nur die Anwendung genormter Formulare gestatten, zahlen sie Schecke, die auf beliebiges Papier geschrieben sind, nicht aus.

Der Scheck ist bei Sicht zahlbar. Die Vorlegungsfrist beträgt 8 Tage und beginnt mit dem Tage der Ausstellung. Bei dem vordatierten

Scheck ist das Ausstellungsdatum ein späteres als der Tag, an dem der Scheck ausgestellt ist. Trotz Vordatierung wird der Scheck bei Sicht ausbezahlt (z. B. Vordatierung 10. Mai, Auszahlung 8. Mai).

Nach Ablauf der Vorlegungsfrist kann der Bezogene (= die Bank) den Scheck noch einlösen (= auszahlen), ist aber nicht dazu verpflichtet.

Wird ein Scheck nicht eingelöst, dann kann Rückgriff genommen werden, ähnlich wie beim protestierten Wechsel. Ein Protest ist nicht nötig, wohl aber eine Bestätigung des Bezogenen über die verweigerte Einlösung, z. B.: „Vorgelegt am ... und nicht bezahlt. Ort und Datum. Unterschrift."

Die früher vorgeschriebene Guthabenklausel (aus meinem Guthaben) ist jetzt nur noch ein handelsüblicher oder kaufmännischer Bestandteil, kann also auch ganz wegfallen.

Außer dem Überbringer- oder Inhaberscheck gibt es noch den a) Order- oder Namensscheck und b) den Rektascheck.

Für beide werden von den Banken gesonderte Scheckformulare ausgegeben, bei denen die Klausel „oder Überbringer" fehlt. Beim Order- oder Namensscheck steht neben dem Zahlungsempfänger der Vermerk „an Order". Dieser Scheck kann nur durch einen Übertragungsvermerk, Indossament genannt, weitergegeben werden. (Genau wie beim Wechsel, siehe diesen!) Beim Rektascheck steht neben dem Zahlungsempfänger der Vermerk „nicht an Order", wodurch der Aussteller die Übertragung (= Weitergabe) des Papiers verbietet. (Genau wie beim Rektawechsel; siehe diesen!)

Order- und Rektaschecke sind so selten geworden, daß sie fast nur noch in der Theorie existieren.

Der Scheck ist ein Zahlungsmittel. Der Überbringerscheck wird wie eine Banknote oder eine Münze formlos weitergegeben. Dadurch dient er dem bargeldsparenden Zahlungsverkehr.

Sehr wichtig ist der Verrechnungsscheck. Bei ihm wird vom Aussteller oder einem Inhaber quer über die Vorderseite der Vermerk geschrieben: Nur zur Verrechnung. Diese Klausel, die nicht widerrufen werden kann, bewirkt, daß ein solcher Scheck vom Bezogenen nur durch Gutschrift eingelöst werden kann.

Durch den Verrechnungsscheck wird der Hauptzweck des Scheckverkehrs, den Bargeldumlauf auszuschalten, erst richtig erfüllt. Zudem bietet er erhöhte Sicherheit gegen Mißbrauch. (Inwiefern?)

Großer Beliebtheit erfreut sich der Postkartenscheck, der dem Bankkunden von der Bank wie der andere Scheck in Heften auf Wunsch geliefert und als Drucksache mit 6 Pf. frankiert wird. Er ist stets ein Verrechnungsscheck. Höchstbetrag DM 1000.—. Der Streifen oberhalb des Postkartenschecks in Höhe von 25 mm ist für den Zahlungsempfänger bestimmt, der ihn vor Weitergabe des Schecks an die Bank als Eingangsbeleg für seine Buchhaltung abtrennt. (siehe Abbildung S. 12)

Der Scheck muß stets durch das Bankguthaben gedeckt sein. Ein nicht gedeckter Scheck wird von der Bank nur dann eingelöst, wenn ein Überziehen des Kontos bis zu einer gewissen Höhe vertraglich vereinbart ist oder die Bank auch ohne das den Kunden für den fehlenden Betrag für gut hält. Wer ohne eine solche Vereinbarung sein Scheckkonto überzieht, kann wegen Betrugs verfolgt werden.

Wer einen unterzeichneten Scheck verliert, hat die bezogene Bank auf dem schnellsten Wege hiervon zu verständigen. Der Scheck wird dann von der Bank gesperrt. Ebenso ist das Abhandenkommen eines Scheckheftes unverzüglich dem Bezogenen (der Bank) zu melden.

Die Sparkassen treiben denselben Scheckverkehr wie die Banken.

b) *Der Geldverkehr bei den Banken*

Einzahlungen. Der Nichtkontoinhaber benutzt zur Zahlung an den Kontoinhaber den Zahlschein, welcher der Zahlkarte im Postscheckverkehr gleicht. (siehe Abbildung S. 12)

Auszahlungen. Zu Auszahlungen an Personen, die kein Konto haben, verwendet der Kontoinhaber den Scheck.

Überweisungen sind nur möglich, wenn Schuldner und Gläubiger ein Girokonto bei derselben Bank oder bei verschiedenen Banken besitzen. Der Zahlungsausgleich erfolgt dann durch Umbuchung, indem die Bank das eine Konto für den gleichen Betrag belastet, das andere erkennt.

Bei Überweisungsaufträgen benützt man die von den Sparkassen ausgegebene Girokarte oder den von den Banken ausgegebenen „Überweisungsauftrag", den sog. Überweisungsträger. (s. Abb. S 13)

Der Überweisungsauftrag kann aber auch brieflich erteilt werden, z. B.: „Ich ersuche zu Lasten meines Kontos Nr.... das Konto Nr.... des Herrn N. N. in Dachau für DM 500.— zu erkennen." Die Überweisung ist die Vollendung der völlig bargeldlosen Zahlung.

Der Giroverkehr wird noch besonders dadurch gefördert, daß die Banken unter sich in Giro-Verbindung stehen.

In Bayern gibt es sechs Giro-Netze:

1. Das Giro-Netz der Landeszentralbank.
2. Das Giro-Netz der Postscheckämter.
3. Das Giro-Netz der Sparkassen.
4. Das Giro-Netz der Bayer. Raiffeisenzentralkasse.
5. Das Giro-Netz der Zentralkasse bayerischer Volksbanken.
6. Das Giro-Netz der Privatbanken mit Filialen.

Zu den bargeldsparenden Einrichtungen gehört auch der **Reisekreditbrief**, der bei der Post und jeder Bank zu haben ist. Voraussetzung ist natürlich auch hier ein Guthaben bei der Post bzw. Bank. Man unterscheidet

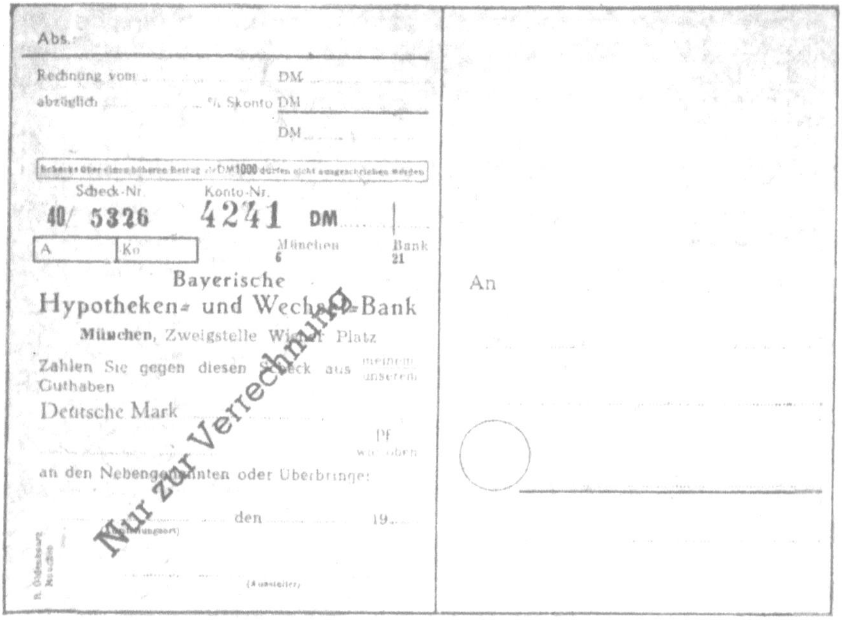
Abs.
Rechnung vom ... DM ...
abzüglich ... % Skonto DM ...
DM ...
Schecks über einen höheren Betrag als DM 1000 dürfen nicht ausgeschrieben werden
Scheck-Nr. Konto-Nr.
40/ 5326 4241 DM
A Ko
München 6 Bank 21
Bayerische
Hypotheken- und Wechsel-Bank
München, Zweigstelle Wiener Platz
Zahlen Sie gegen diesen Scheck aus meinem / unserem Guthaben
Deutsche Mark
Pf wie oben
an den Nebengenannten oder Überbringer
... den ... 19..
(Ausstellungsort)
(Aussteller)
Nur zur Verrechnung
An

a) den **direkten Spezial-Kreditbrief**, der einer Reiseroute angepaßt und mit bestimmten Bankadressen versehen ist,
b) den **Zirkularkreditbrief**, bei dessen Vorzeigung jede deutsche Bank den gewünschten Betrag ausbezahlt, wobei jede Abhebung vermerkt wird. (Es gibt auch einen Weltreisekreditbrief.)

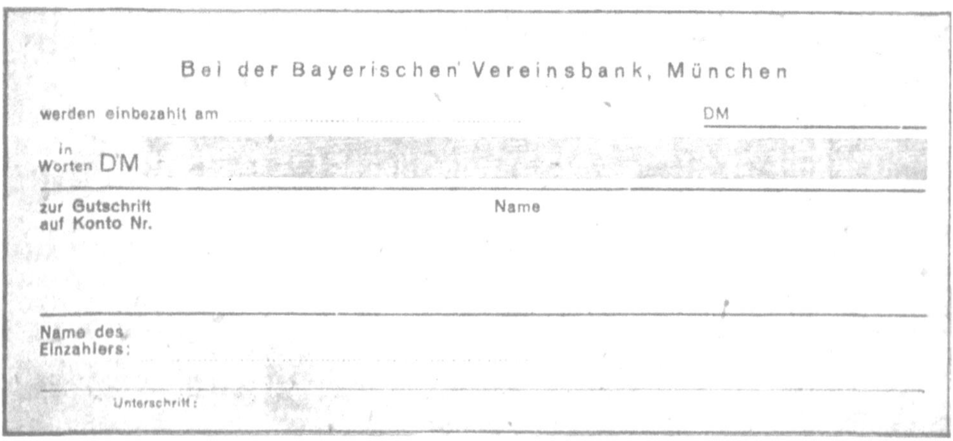
Bei der Bayerischen Vereinsbank, München
werden einbezahlt am ... DM
in Worten DM
zur Gutschrift auf Konto Nr. Name
Name des Einzahlers:
Unterschrift:

Zahlschein

An
BAYERISCHE VEREINSBANK
MÜNCHEN

Überweisungs-
Auftrag

Für Vermerke der Bank

Überweisen Sie DM

wörtlich:

an (Empfänger)

auf dessen Konto bei oder auf ein anderes Konto des Begünstigten*)

Kontonummer des Empfängers

*) Soll die Überweisung auf ein anderes Konto ausgeschlossen sein, so sind die Worte „oder auf ein anderes . . ." zu durchstreichen

Verwendungszweck (Mitteilungen an den Empfänger)

Auftraggeber (Bei Verwendung eines Stempels wird um dessen Aufdruck auf allen Blättern gebeten)

Kontonummer

(Ort) ....

den ....

№ 122621

(Unterschrift des Auftraggebers)

1/Form. B 539 – 1. 48 N3050

c) Der Postscheckverkehr

Der Beitritt zum Postscheckverkehr kann Kaufleuten und Nichtkaufleuten nicht genug empfohlen werden. Die Anmeldung erfolgt am Postschalter. — Ausfüllen des Antragvordrucks unter Einzahlung der Stammeinlage DM 5.—.

Das Postscheckamt errichtet dem Antragsteller ein Konto, teilt ihm dessen Nummer mit und übersendet ihm

gelbe Briefumschläge,
blaue Zahlkarten,
ein Heft mit grünen Schecken und
ein solches mit rosa Überweisungen.

Die Wahl des Postscheckamtes steht frei. Ein Postscheckkunde kann auch bei mehreren Postscheckämtern Konten errichten lassen. Die Postscheckämter für Bayern sind München und Nürnberg (früher auch Ludwigshafen).

Jedes Postscheckamt gibt für seinen Bezirk ein Verzeichnis der Postscheckkunden heraus. Der Postscheckkunde wird dafür sorgen, daß seine Geschäftsfreunde die Nummer und das Postscheckamt seines Postscheckkontos erfahren. (Wie?)

Gutschriften. Schaffung und Vermehrung des Guthabens kann erfolgen

a) durch Zahlkarten (blau) bei jeder Postanstalt;

b) durch eingehende Postanweisungen, Postaufträge und Nachnahmen, die auf Antrag des Kontoinhabers seinem Postscheckkonto gutgeschrieben werden;

c) durch Überweisungen von andern Postscheckkonten unter Benutzung des Postschecküberweisungsformulars (rosa). Absender und Empfänger müssen Kontoinhaber sein: Diese Überweisungen sind gleich den Banküberweisungen das Vorbildlichste des bargeldlosen Zahlungsverkehrs.

Lastschriften. Verfügungen über das Konto können erfolgen

a) durch Überweisung von Konto zu Konto (Umbuchung);

b) durch Postscheck. Dieser hat niemals eine Order und kennt keine Überbringerklausel und kein Indossament. Er wird vom Kontoinhaber benutzt, wenn er selbst von seinem Konto einen Betrag abheben will, Kassascheck, oder wenn er einem Geschäftsfreund Geld auszahlen will, der kein Postscheckkonto hat, Namensscheck.

Beim Kassascheck darf im Text kein Name genannt werden. Er darf auch nicht den Vermerk enthalten „an mich". Der Kassascheck ist ein Überbringerscheck, der vom Postscheckamt jedem bar ausbezahlt wird, der ihn vorlegt. Der Namensscheck wie auch das Überweisungsformular (rosa) werden vom Aussteller in einem gelben Postscheckbriefumschlag an das bezogene Postscheckamt gesandt, das dann alles weitere besorgt. Frankierung z. Z. 10 Pf.

Zahlkarte, Überweisung und Postscheck bestehen aus drei Teilen.

Der mittlere Teil, der Hauptteil, dient dem Postscheckamt als Buchungsbeleg.

Den Posteinlieferungsschein oder Lastschriftzettel rechts erhält der Absender als Quittung.

Der Gutschriftzettel links wird dem Empfänger ausgehändigt und auch zu kurzen geschäftlichen Mitteilungen benutzt.

Die Höhe des Postscheckguthabens ist unbegrenzt. Zinsen werden dafür nicht vergütet.

Nach jeder Gut- oder Lastschrift erhält der Postscheckkunde vom Postscheckamt einen Kontoauszug mit Belegen (Abschnitt der Zahlkarte, der Überweisung, des Postschecks).

Bei Überweisungen von Konto zu Konto berechnet das Postscheckamt keine, bei Namensschecken (grün) nur eine geringe Gebühr.

Unbedingt erforderliche Mitteilungen an das Postscheckamt

1. Zeichnungsberechtigungsänderungen.
2. Konkurs des Kontoinhabers; in diesem Falle verliert der Postscheckkunde das Verfügungsrecht über sein Konto.
3. Rechtzeitige Bestellung neuer Vordrucke. (Die Bestellzettel befinden sich im Scheckheft.)

4. Tod des Kontoinhabers; in diesem Falle kann das Konto auf Antrag bis zu 6 Monaten weitergeführt werden.

Jedes Scheck- und Überweisungsheft enthält am Schluß ein besonderes Blatt zum Nachweis über die einzelnen Blätter des Heftes, was die Nachprüfung von Geschäftsfällen erleichtert.

d) Der Wechsel

Entstehung. Der älteste uns erhaltene Wechsel stammt aus Genua (1157). Die Bezeichnung Wechsel kommt von wechseln. Die Geldwechsler, die im Mittelalter Wechsel ausstellten, mußten nämlich die bei ihnen einbezahlte Summe in die Währung des Ortes umrechnen (umwechseln), wo der Einzahlende Geld brauchte. Für eine bestimmte Summe in venetianischer Währung erhielt z. B. der Handelsmann Ludwig Bitzer aus Augsburg in Venedig folgenden Wechsel:

> An Herrn Hans Fugger in Augsburg.
>
> Zahlet gegen diesen ersten Brief am 1. November an Ludwig Bitzer 400 Gulden Rheinisch. Zahlet zur rechten Zeit und stellet die Summe auf meine Rechnung. Gelobt sei Jesus Christus. Franciscus Grimani grüßt Euch.
>
> Venedig, am 1. Oktober 1526

Die Geldwechsler nannten ein solches Schriftstück einen Wechselbrief. Diese Bezeichnung hat sich in Italien und Frankreich bis heute erhalten (lettera di cambio, lettre de change).

Die Geldwechsler rechneten bei Besuchen oder auf Messen, wo sie einander trafen, miteinander ab.

Zu einem solchen Wechselverkehr zwangen im Mittelalter hauptsächlich die Unsicherheit der Straßen und der Wirrwarr im Geldwesen. Unser heutiger moderner Wechsel hat einen etwas anderen Charakter als der Wechselbrief des Mittelalters. Er ist zwar wie jener ein Brief und eine Zahlungsaufforderung, hat aber mit Geldwechseln nichts gemein.

Gezogener oder trassierter Wechsel

(Siehe Abb. S. 16)

In diesem Wechsel (erstes Beispiel) sind 3 Personen genannt:

Georg Schreiber, **Aussteller** oder Trassant;
Karl Zahler, **Bezogener** oder Trassat (Wechselschuldner);
Josef Freund, **Wechselnehmer** oder Remittent.

Georg Schreiber **zieht** oder **trassiert** (von ital. trassare = ziehen) auf seinen Schuldner Karl Zahler. Man sagt auch: er **entnimmt auf seinen Schuldner DM 2000.—**. Diesem hat er am 1. Juli 1948 für DM 2000.— Waren, Ziel 3 Monate, geliefert. Er übergibt oder übersendet

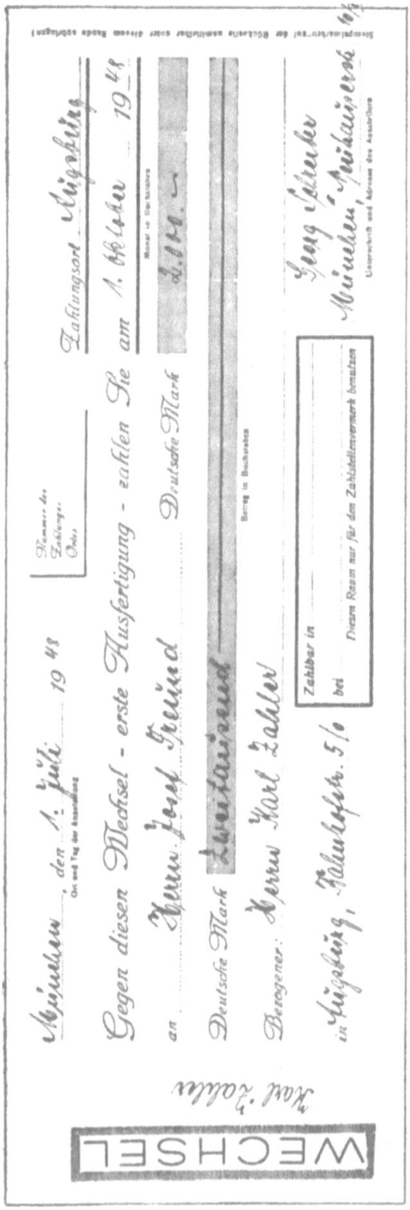

Gezogener oder trassierter Wechsel
(zu Seite 15)

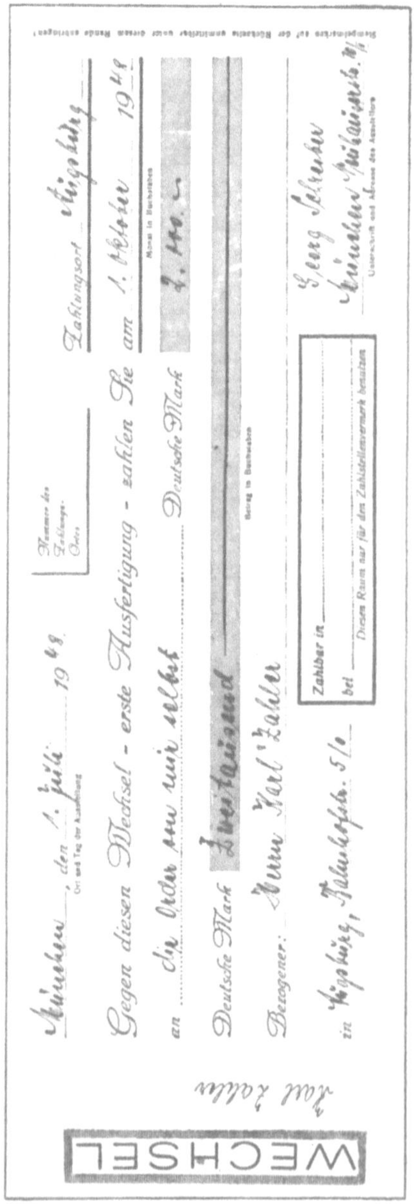

Wechsel an eigene Order
(zu Seite 19)

(von ital. remittere = übergeben) diesen Wechsel seinem Lieferer Josef Freund, dem er seinerseits DM 2000.— schuldet. An diesen hat der Bezogene Karl Zahler am 1. Oktober die Wechselsumme von DM 2000.— zu bezahlen.

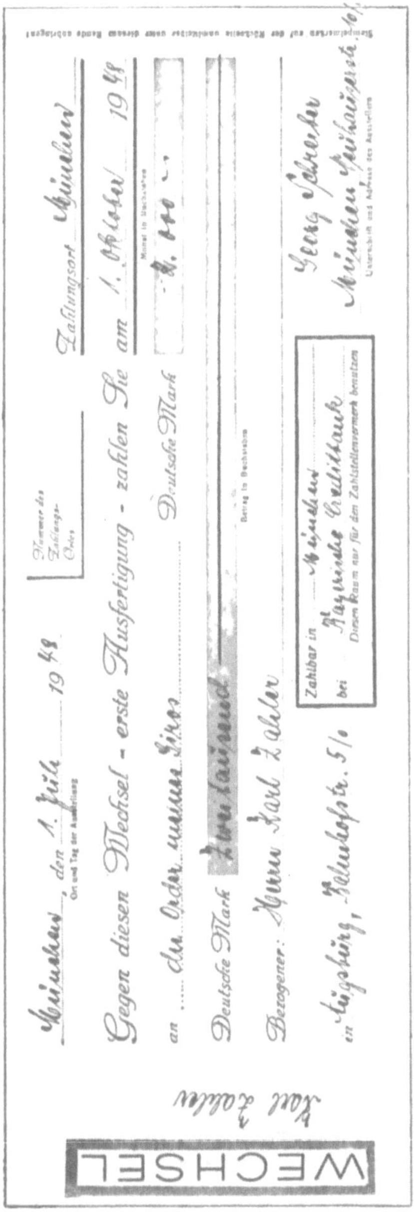

WECHSEL

Ort und Tag der Ausstellung, den 19

Nummer des Zahlungs-Ortes

Zahlungsort

Gegen diesen Wechsel - erste Ausfertigung - zahlen Sie am 19

an

Deutsche Mark

Monat in Buchstaben

Deutsche Mark

Betrag in Buchstaben

Bezogener:

in

Zahlbar in

bei

Diesen Raum nur für den Zahlstellenvermerk benutzen

Unterschrift und Adresse des Ausstellers

Domizilwechsel (zu Seite 19)

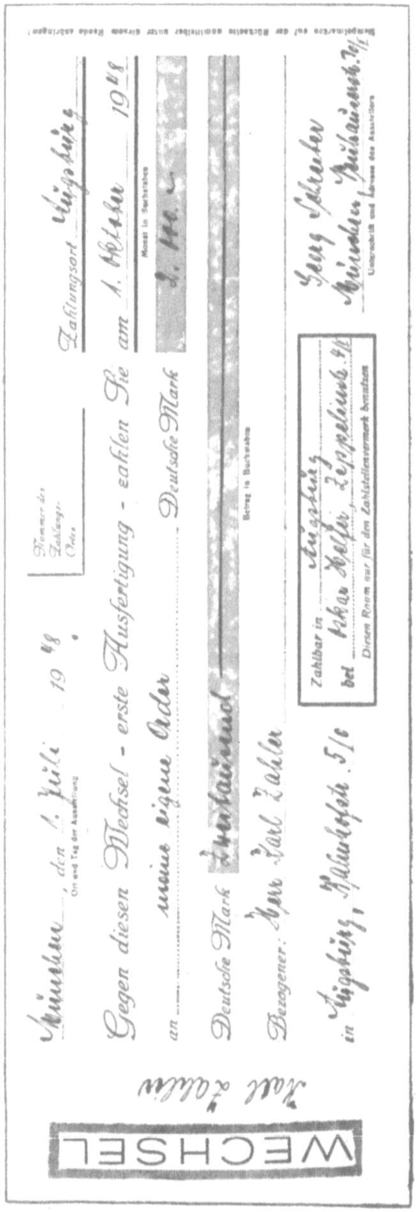

WECHSEL

Ort und Tag der Ausstellung, den 19

Nummer des Zahlungs-Ortes

Zahlungsort

Gegen diesen Wechsel - erste Ausfertigung - zahlen Sie am 19

an

Deutsche Mark

Monat in Buchstaben

Deutsche Mark

Betrag in Buchstaben

Bezogener:

in

Zahlbar in

bei

Diesen Raum nur für den Zahlstellenvermerk benutzen

Unterschrift und Adresse des Ausstellers

Zahlstellenwechsel (zu Seite 19)

Der Wechsel kommt am häufigsten bei Warenkreditkäufen vor und ist das wichtigste Kreditmittel des Kaufmanns.

Die Laufzeit der Wechsel (1. Juli bis 1. Oktober) in unseren Beispielen (S. 16 u. 17) beträgt 3 Monate. Man nennt sie deshalb „Drei-Monat-Wechsel". Die Laufzeit ist an keine Vorschrift gebunden; sie beträgt im Warenhandel meist 1, 2 oder 3 Monate.

Aus dem Wechsel (erstes Beispiel) ist zu ersehen, daß der Aussteller Georg Schreiber in München und der Bezogene Karl Zahler in Augsburg wohnt. Dagegen ist nicht zu ersehen, wo der Wechselnehmer Josef Freund wohnt.

Es ist nicht notwendig und daher auch nicht üblich, wenn auch nicht verboten, den Wohnort des Wechselnehmers (Remittent) anzugeben; denn der Wechselnehmer muß am 1. Oktober 1948 (Verfalltag) die Wechselsumme bei Karl Zahler abholen oder einziehen. Er muß also den Wohnort Karl Zahlers wissen, während letzterer den Wohnort Josef Freunds nicht zu wissen braucht.

Wechselschulden sind Holschulden im Gegensatz zu Bringschulden. (So sind beispielsweise Steuerschulden Bringschulden.)

Ein gezogener oder trassierter Wechsel enthält 8 gesetzliche Bestandteile:

1. **Ort und Datum der Ausstellung:** München, den 1. Juli 1948.
2. **Das Wort Wechsel im Text:** gegen diesen Wechsel.
3. **Verfalltag:** zahlen Sie am 1. Oktober 1948.
4. **Wechselnehmer:** an Herrn Josef Freund.
5. **Wechselsumme:** DM 2000.— (in Ziffern und Buchstaben).
6. **Name des Bezogenen:** Herrn Karl Zahler.
7. **Zahlungsort:** in Augsburg.
8. **Unterschrift des Ausstellers:** Georg Schreiber.

Die Unterschrift des Ausstellers muß am Ende der Wechselurkunde, also auf der Vorderseite, unter dem Wechselwortlaut stehen und kann nicht durch Firmenstempel und Faksimile (= mach ähnlich) ersetzt werden.

Der Aussteller setzt in der Praxis allerdings meist seinen Firmenstempel unter den Wechsel, unter diesen aber seine eigenhändige Unterschrift. Bei Gesellschaftsfirmen, z. B. bei Banken, fehlt der Firmenstempel nie. Bei Banken ist die Unterschrift nur gültig, wenn 2 Zeichnungsberechtigte unterschreiben.

Der Wohnort des Bezogenen is zugleich der Zahlungsort.

Ein Wechsel ohne Angabe der Verfallzeit gilt als **Sichtwechsel.**

Ein Wechsel ohne Angabe des Ausstellungsortes gilt als ausgestellt an dem Orte, der bei dem Namen des Ausstellers angegeben ist. So ist also auch ein Wechsel, bei dem Ausstellungsort oder Verfallzeit oder beide nicht genannt sind, ein gültiger Wechsel.

Ist die Wechselsumme in Ziffern und Buchstaben, jedoch nicht in gleicher Höhe angegeben, so gilt nur die in Buchstaben ausgedrückte Summe.

Der Verfalltag kann verschieden angegeben werden:

1. Genau nach dem Kalender: am 5. Oktober 19.., Ende (Ultimo) März = 31. März, Mitte (Medio) Juli = 15. Juli 19.. Tag- oder Präziswechsel.
2. Er ist auf eine bestimmte Zeit nach dem Tag der Ausstellung festgesetzt, z. B.: „8 Tage dato zahlen Sie" (dato die = vom heutigen Tage ab) Datowechsel.
3. Der Verfalltag ist der Tag der Vorzeigung, z. B.: „zahlen Sie bei Sicht", „zahlen Sie bei Vorzeigung" (a vista). Sichtwechsel.
4. Der Verfalltag fällt auf einen bestimmten Zeitpunkt nach Sicht, z. B. „zahlen Sie 14 Tage nach Sicht" oder „zahlen Sie 8 Tage nach Vorzeigung". Zeitsicht- oder Nachsichtwechsel (S. 21).

Wechsel an eigene Order*

(Siehe Abb. S. 16)

In diesem Wechsel gibt sich der Aussteller selbst als Zahlungsempfänger (Nehmer, Remittent) an. Aussteller und Nehmer sind hier ein und dieselbe Person. Diesem Wechsel begegnet man in der Praxis am häufigsten. Der Aussteller behält ihn entweder bis zum Verfalltag selbst und zieht dann selbst die Wechselsumme ein oder er gibt ihn als Zahlungsmittel an eine andere Person weiter oder er läßt ihn diskontieren. Andere Formeln beim Wechsel an eigene Order sind: an mich selbst, an mich, an meine eigene Order, an Order eigene, an die Order meines Giros.

Domizilwechsel

(Siehe Abb. S. 17)

Wenn nichts anderes angeordnet wird, ist der Wohnort des Bezogenen zugleich der Zahlungsort. Auf dem Domizilwechsel (vom lat. domicilium = die Wohnung, der Wohnsitz) ist ein vom Wohnort des Bezogenen verschiedener Zahlungsort angegeben. Der Zahlungsleister und dessen Wohnort werden vom Aussteller oder vom Bezogenen unter der Adresse des Bezogenen eingesetzt.

Durch die Domizilierung können Wechsel auf abgelegene Orte leichter eingezogen oder veräußert werden.

Zahlstellenwechsel

(Siehe Abb. S. 17)

Von einem Zahlstellenwechsel spricht man, wenn die Zahlung der Wechselsumme zwar am Wohnort, nicht aber im Büro oder in der Woh-

---

* Order frz. ordre (= Befehl); der Aussteller ordnet an oder befiehlt, an wen der Bezogene die Wechselsumme bezahlen soll.

nung des Bezogenen, sondern an einer vom Bezogenen angegebenen Zahlstelle (Bank oder Geschäftsfreund) erfolgt.

Besonderheiten bei Sichtwechseln

Bei einem Sicht- oder Zeitsichtwechsel kann der Aussteller bestimmen, daß die Wechselsumme vom Tag der Ausstellung oder von einem andern Zeitpunkt ab zu verzinsen ist, z. B. „zahlen Sie bei Sicht an Herrn Hartmann DM 800.— nebst 4% Zinsen vom 1. 10. 19.. ab.

Ein Sichtwechsel muß binnen 1 Jahr nach der Ausstellung zur Zahlung vorgelegt werden. Der Aussteller kann aber eine Frist bestimmen, z. B. „zahlen Sie bei Sicht, spätestens am 1. Oktober 19..". Auch kann der Aussteller anordnen, daß der Sichtwechsel nicht vor einem bestimmten Tag zur Zahlung vorgelegt (präsentiert) werden darf, z. B. „dieser Wechsel darf nicht vor dem 31. August 19.. vorgelegt werden".

Wechselsteuer

Der Wechsel muß versteuert werden, ehe er in Umlauf gesetzt wird. Die Kosten der Wechselsteuer trägt nach Vereinbarung der Aussteller oder der Bezogene (meist der letztere). Nur zur Annahme darf der Aussteller den Wechsel unversteuert versenden; der Bezogene hat dann die Versteuerung vorzunehmen.

Für die Steuer haftet jeder, der eine Unterschrift auf den Wechsel gesetzt hat, ja sogar der Protestbeamte.

Die Steuer beträgt 15 Pf. für je angefangene DM 100.— (= 1½‰) und wird durch Aufkleben von Steuermarken am linken Rande der Rückseite entrichtet. Sie sind bei der Post erhältlich.

Die Entwertung der Marken erfolgt entweder handschriftlich oder mit Datumstempel oder mit der Schreibmaschine. Hierbei müssen Tag und Jahr mit arabischen Ziffern (warum?), der Monat mit Buchstaben geschrieben werden, also nicht: 3. 5. 48, sondern 3. Mai 48.

Radieren, Durchstreichen oder Überschreiben macht die Stempelmarke ungültig.

Wer die Steuer nicht erfüllt, ist strafbar (50facher Betrag der hinterzogenen Abgabe). Mit Geld und Freiheitsstrafen werden Fälschung und wiederholte Verwendung gebrauchter Marken bedroht.

Kaufmännische Bestandteile des Wechsels

Außer den 8 bekannten gesetzlichen Bestandteilen enthalten die Vordrucke für den „Einheitswechsel" auch sog. kaufmännische oder Nebenbestandteile, die zweckvoll, aber gesetzlich nicht vorgeschrieben sind.

Nenne an Hand eines Wechselformulars diese Bestandteile!

Die Verwendung der Wechselformulare ist empfehlenswert und allgemein üblich, doch gesetzlich nicht notwendig.

Sie sind in Deutschland genormt.

Die Annahme oder das Akzept

(lat. acceptare, frz. accepter = annehmen)

Erst durch die Annahme verfällt der Bezogene der W e c h s e l - s t r e n g e (in früherer Zeit Schuldhaft, heute Wechselprozeß), durch die

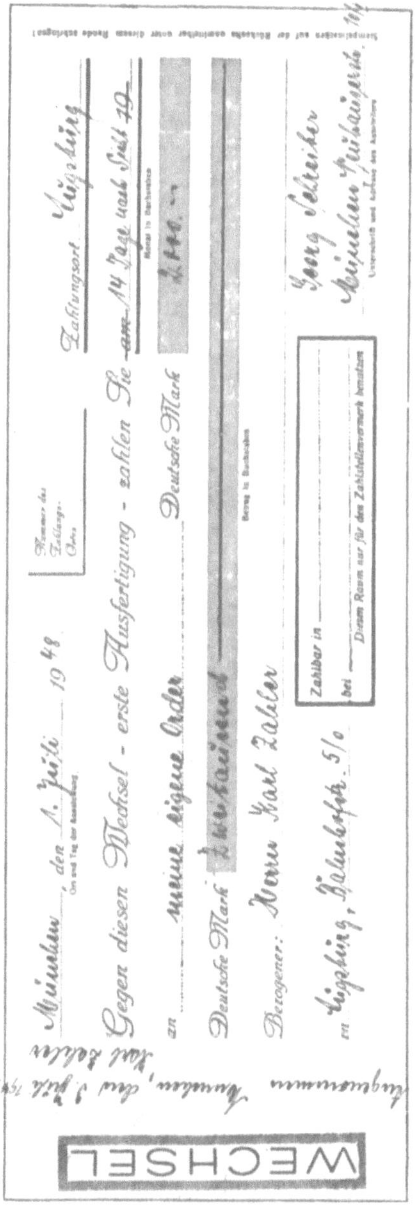
München, den 1. Juli 1948

Gegen diesen Wechsel - erste Ausfertigung - zahlen Sie am 14 Tage nach Sicht 19..

Zahlungsort Augsburg

an meine eigene Order

Deutsche Mark zweitausend

Deutsche Mark 2000,-

Bezogener: Herrn Karl Zahler in Augsburg, Bahnhofstr. 5/0

Georg Schreiber München, Frühlingstr.

Zahlbar in ... bei ...

Angenommen München, den 3. Juli 1948 Karl Zahler

WECHSEL

Zeitsichtwechsel mit Akzept
(zu Seite 20)

er zur Zahlung gezwungen wird. Er wird durch sie Hauptschuldner; vor der Annahme war es der Aussteller. Die Annahme wird auf die Vorderseite des Wechsels links quer gesetzt. Im Volksmund nennt man deshalb den Akzeptanten oder Annehmer auch „Querschreiber". Es genügt die bloße Unterschrift des Bezogenen (kurzes Akzept) mit oder ohne das Wort „angenommen". Datum überflüssig.

Nur bei Nachsichtwechseln und Wechseln mit Vorlegegebot innerhalb einer bestimmten Frist muß die Annahmeerklärung datiert sein.

Teilakzept oder beschränktes Akzept. Der Bezogene kann die Annahme auf einen Teil der Wechselsumme beschränken. Er schreibt z. B. bei einer Wechselsumme von DM 1000.—: „Angenommen für DM 300.—. N. N." Jede andere Einschränkung gilt als Verweigerung des Akzepts.

Ein Gefälligkeitsakzept liegt vor, wenn jemand aus reiner Gefälligkeit, ohne daß er dem Aussteller etwas schuldet, einen Wechsel akzeptiert.

Beim Blankoakzept (vom ital. blanco = leer) setzt der Bezogene seine Unterschrift auf ein leeres oder noch nicht voll ausgefülltes Wechselformular.

Gefälligkeits- und Blankoakzept sind eine große Vertrauenssache. Im allgemeinen muß davor gewarnt werden. Namentlich das Blankoakzept kann verhängnisvoll werden.

Die Vorlegung zur Annahme kann nicht nur durch den Aussteller, sondern durch jeden Wechselinhaber erfolgen.

Nur der Aussteller kann ein Vorlegeverbot durch die Worte „nicht zur Annahme" erlassen (selten!)

Der Bezogene kann die Annahme vor Rückgabe des Wechsels durch Durchstreichen oder durch einen von ihm unterschriebenen Ungültigkeitsvermek widerrufen.

Die Einholung des Akzeptes geschieht

a) durch persönliches Vorzeigen beim Bezogenen,
b) brieflich,
c) durch einen Geschäftsfreund,
d) durch die Post (graues Formular).

Das Akzept gehört nicht zu den 8 gesetzlichen Punkten des Wechsels, weshalb ein Wechsel auch ohne Akzept gültig ist.

(Siehe Abb. S. 21)

Der Wechsel auf S. 21 ist fällig am 17. Juli 1948. (Warum?)

Die Weitergabe des Wechsels (Indossament)

Der Wechsel ist ein Geldersatzpapier, kann also wie Geld als Zahlungsmittel weitergegeben werden. Im Gegensatz zum Überbringer- oder

Inhaberscheck kann beim Wechsel die Weitergabe an eine andere Person nur durch den Übertragungsvermerk (das Indossament) erfolgen. Der Wechsel ist also kein Inhaber- sondern ein Namenspapier. Er ist das „geborene Orderpapier".

Das Indossament steht auf der Rückseite, daher sein Name (ital. in dosso = auf dem Rücken, frz. le dos = der Rücken). Es wird auch Giro genannt (ital. giro = Kreis, Kreislauf).

1. Das Begebungs- oder eigentliche Indossament

Durch dieses Indossament begibt sich der Wechselinhaber aller Rechte auf den Wechsel, d. h. er verliert alle Rechte, die mit dem Besitze eines Wechsels verbunden sind, wird aber dadurch nicht von seiner Haftpflicht befreit.

Der Form nach kann das Begebungsindossament sein

a) ein ausgefülltes oder Vollindossament, das eine vollständige Willenserklärung darstellt (Namensindossament),

b) ein offenes oder Leerindossament, auch Blankoindossament genannt (vom deutschen „blank" = weiß, rein).

Das Vollindossament kann lauten:

Für mich an die Order des Herrn Peter Erdt in Kaufbeuren.
Wolfratshausen, den 24. August 19..
Josef Freund.

oder: Für mich an die Order des Herrn Peter Erdt in Kaufbeuren.
Josef Freund.

oder: An Herrn Peter Erdt oder dessen Order.
Josef Freund.

oder: Herrn Peter Erdt.
Josef Freund.

Das Blankoindossament enthält nur die Unterschrift des Übertragers, hat aber dieselbe rechtliche Bedeutung und Wirkung wie das Vollindossament. Der Übertrager läßt dabei über seiner Unterschrift genügend freien Raum (einen „blanken" Raum), damit ein späterer Inhaber das Blankoindossament ausfüllen kann, was nicht nur erlaubt, sondern erwünscht ist. Das Leerindossament kommt in der Praxis am häufigsten vor. Der Empfänger kann dann seinen Namen selbst einsetzen. Wenn er aber den Wechsel nicht will und zurückschickt, braucht der Indossant keinen eingesetzten Namen durchzustreichen; ein durchgestrichenes Indossament beeinträchtigt das Ansehen des Wechsels.

Durch ein nachträglich nicht ausgefülltes Blankoindossament kann der Wechsel zum Inhaberpapier und ohne Indossament weitergegeben werden (selten). Folgt auf ein Leerindossament ein weiteres Indossament, so wird angenommen, daß der Schreiber dieses Indossamentes den Wechsel durch das Leerindossament erhalten hat.

Wer den Wechsel weitergibt (indossiert oder giriert), heißt Indossant oder Girant; wer ihn erhält, wird Indossatar oder Girat genannt. Bei der nächsten Weitergabe wird der Indossatar zum Indossanten.

Je mehr Indossamente ein Wechsel aufweist, desto größer ist die Sicherheit der Einlösung, denn jeder Indossant haftet mit seiner Unterschrift für die Zahlung der Wechselsumme.

Der Indossant kann sich von seiner Haftpflicht befreien, wenn er seinem Indossament die Worte „ohne Obligo" oder „ohne Gewähr" hinzufügt (Angstklausel).

Der Indossant kann die Weitergabe des Wechsels untersagen, z. B. „An Herrn Franz List, nicht an Oder". Wird der Wechsel trotzdem weitergegeben, so haftet dieser Indossant nur seinem Nachmann, beschränkt also seine Haftung. „Rektagiro".

Verbietet der Aussteller die Übertragung des Wechsels mit der Formel „nicht an Order", so haben die trotz des Verbotes auf den Wechsel gesetzten Indossamente keine wechselrechtliche Bedeutung. Ein solcher Wechsel heißt Rektawechsel (vom lat. recta via = geradewegs, d. h. nur an die bezeichnete Person).

2. Das Vollmachtsindossament (Prokura- oder Inkassoindossament)

Dieses Indossament ist seltener als das Begebungsindossament. Es wird nur ausgestellt, wenn man einen dritten mit dem Einziehen der Wechselsumme beauftragt. Es lautet: „Für mich an Herrn Karl Lang zur Einziehung (zum Inkasso, in Prokura)" oder: „An Herrn Karl Lang, Wert zur Einziehung (zum Inkasso, in Prokura)" nebst Unterschrift.

Ort und Datum spielen sowohl beim Begebungs- als auch beim Vollmachtsindossament keine wesentliche Rolle. Es gibt in der Praxis Wechsel mit zahlreichen Indossamenten, von denen auch nicht eines datiert ist.

Durch das Vollmachtsindossament, das ein Voll- oder Leerindossament sein kann, erhält der Indossatar nur das Recht zum Einkassieren (Einziehen) der Wechselsumme, nicht aber das Eigentumsrecht. Der Indossant begibt sich keiner Rechte.

Der Indossatar muß dem Indossanten die einkassierte Wechselsumme in bar übergeben oder gutschreiben.

Wenn der Wechsel „notleidet", hat der Indossatar auch das Recht, alle gesetzlichen Schritte zur Eintreibung der Wechselsumme zu tun (Protest, Klage).

Allonge (vom frz. allonger = verlängern). Reicht, was häufig der Fall ist, die Rückseite des Wechsels zur Aufnahme der Indossamente nicht aus, so wird ein Blatt von gleicher Breite wie der Wechsel, aber von beliebige Länge angeklebt, das man Allonge nennt. Die Klebstelle wird mit dem Firmenstempel versehen (Warum?). Die Vorderseite trägt eine Abschrift des Wechsels (Warum?) Es gibt auch Wechsel mit 2 Allongen. Die Zahl der Indossamente ist unbegrenzt.

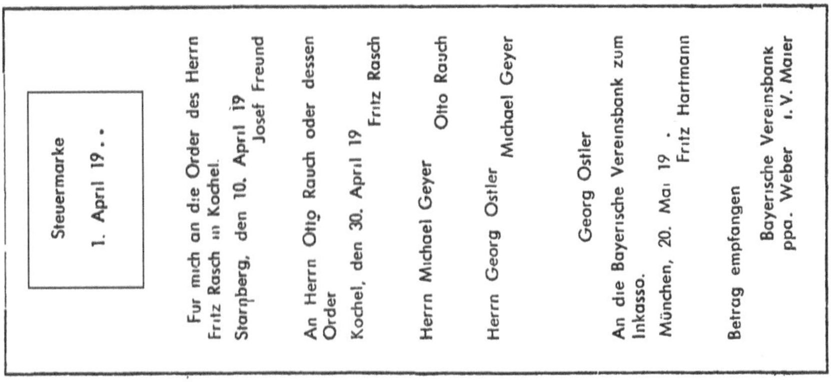

Steuermarke
1. April 19..

Für mich an die Order des Herrn Fritz Rasch in Kochel.
Starnberg, den 10. April 19
Josef Freund

An Herrn Otto Rauch oder dessen Order
Kochel, den 30. April 19
Fritz Rasch

Herrn Michael Geyer
Otto Rauch

Herrn Georg Ostler
Michael Geyer

Georg Ostler

An die Bayerische Vereinsbank zum Inkasso.
München, 20. Mai 19 .
Fritz Hartmann

Betrag empfangen
Bayerische Vereinsbank
ppa. Weber i. V. Maier

Bei welchen Wechseln wird das erste Indossament vom Aussteller geschrieben? Wer schreibt sonst das erste Indossament?

Die Wechselzahlung

Wechselschulden sind Holschulden. Der Wechselinhaber hat das Geld beim Bezogenen bzw. bei der angegebenen Zahlstelle zu holen. Er zieht die Wechselsumme ein, der Schuldner löst den Wechsel ein.

Ort der Vorlegung. Die Vorlegung des Wechsels hat im Geschäftslokal, oder wenn ein solches nicht vorhanden ist, in der Wohnung des Bezogenen zu erfolgen. Domizil- und Zahlstellenwechsel werden bei der Domiziladresse bzw. Zahlstellenadresse vorgelegt.

Zeit der Vorlegung. Der Wechsel muß dem Bezogenen am Verfalltag, spätestens am zweiten darauf folgenden Werktag vorgelegt oder zum Zahlen „präsentiert" werden.

Wer hat den Wechsel vorzulegen? Der Wechselinhaber oder ein von diesem Beauftragter (Bote, Geschäftsfreund, Bank). Vollmachtsindossament! Auch die Post kann den Wechsel vorlegen und verwendet hierbei ein grünes Formular.

Die Zahlung. Der Zahlungsempfänger muß sich durch eine lückenlose Reihe von Indossamenten als rechtmäßiger Inhaber ausweisen. Das letzte Indossament muß also auf den Namen des Inhabers lauten oder ein Blankoindossament sein. Der Bezogene muß prüfen, ob die Indossamente lückenlos sind.

Quittung. Der Bezogene zahlt gegen Auslieferung des quittierten Wechsels.

Teilzahlungen müssen angenommen und auf dem Wechsel vermerkt werden. Für sie wird auf Verlangen eine Sonderquittung ausgestellt. Den Wechsel erhält in diesem Falle der Bezogene natürlich nicht.

Das Einziehen der Wechselsumme gehört zu den umfangreichsten Geschäften der Banken. Um es zu vereinfachen, errichteten die Banken in großen Städten „Kassenvereine". Durch diese wird eine Zeit und Personal sparende Übersicht über die jeden Tag fälligen Wechsel und damit eine günstige Verteilung der Bankboten auf Straßen, Stadtteile und Vororte möglich und gewährleistet.

Der Wechselprotest

(lat. pro teste = als Zeuge, neulat. =. der Einspruch)

Der Protest ist eine öffentliche, von einem Notar, Gerichts- oder Postbeamten aufgenommene Urkunde, wodurch bezeugt wird, daß vom Bezogenen die Annahme oder Zahlung nicht zu erlangen war.

Der ausgefüllte Protestvordruck wird unter das letzte Indossament geklebt. Der Protest kann auch, falls noch Platz vorhanden, auf den Wechsel geschrieben werden.

Wer diese Urkunde beantragt, „läßt den Wechsel protestieren", er „läßt den Wechsel zu Protest gehen".

Die Post übernimmt nur

den Zahlungsprotest bei Wechseln bis DM 1000.— (blaues Formular).

Arten. Man unterscheidet Protest mangels Annahme (m. A.) und Protest mangels Zahlung (m. Z.)

Im allgemeinen ist es ratsam, stets den Protest zu erheben.

Immerhin wird in der Praxis von dem Protest m. A. oft abgesehen. Man gibt den Wechsel wieder an den Aussteller bzw. Vormann zurück, womit der Fall erledigt ist. Bei Zeitsichtwechseln muß Protest m. A. erhoben werden.

Sehr wichtig ist der Protest m. Z., weil er Voraussetzung für den Rückgriff ist.

Ort und Zeit des Protestes. Der Protest ist am Vorlegungsort an einem der beiden auf den Zahlungstag folgenden Werktage zwischen 9 und 18 Uhr zu erheben.

Notifikationspflicht (lat. notificare = bekanntmachen). Der Inhaber eines m. A. oder m. Z. protestierten Wechsels hat innerhalb der auf den Protesttag folgenden 4 Werktage seinen Vormann und den Aussteller zu benachrichtigen.

Jeder benachrichtigte Indossant muß innerhalb zweier Werktage die erhaltene Nachricht an seinen Vormann weitergeben.

Wer die Benachrichtigung unterläßt, ist schadenersatzpflichtig bis zur Höhe der Wechselsumme.

Protesterlaß. Ist die Protesterlaßklausel (o. P., o. K.) vom Aussteller auf den Wechsel gesetzt, so wirkt dieser Vermerk allen Wechselverpflichteten gegenüber als Protestverbot Wer trotzdem Potest erheben läßt, hat keinen Anspruch auf Ersatz der Protestkosten.

Hat ein Indossant die Klausel o. K. auf den Wechsel geschrieben, so ist der Inhaber nur diesem gegenüber von der Protesterhebung befreit. Wird in letzterem Falle trotzdem Protest m. Z. erhoben, so ist dennoch jeder Wechselverpflichtete zum Ersatz der Protestkosten verpflichtet.

Liegt kein Protestverbot des Ausstellers vor, ist es nicht ratsam, den Protest zu unterlassen; denn der Wechselinhaber besitzt ohne Protest sein Wechselrecht nur noch gegenüber dem Protesterlasser und dem Akzeptanten.

Folgen der versäumten Protesterhebung. Der Wechselinhaber verliert sein Rückgriffsrecht gegen alle Wechselverpflichteten, nicht aber gegen den Akzeptanten.

Der Rückgriff (oder Regreß) auf Zahlung

Nach erfolgtem Protest m. Z. ist der Wechselinhaber berechtigt, sich die Wechselsumme von einem seiner Vormänner ausbezahlen zu lassen. Er wird, wie das in der Praxis meist geschieht, auf seinen unmittelbaren Vormann, von dem er den Wechsel erhalten hat, zurückgreifen, falls ihn nicht wichtige Gründe zu einem „Sprung" auf einen andern Vormann veranlassen

Folgendes Schaubild zeigt den Reihen- und Sprungregreß (ausgezogene Pfeile = Reihenregreß, punktierte Pfeile = Sprungregreß).

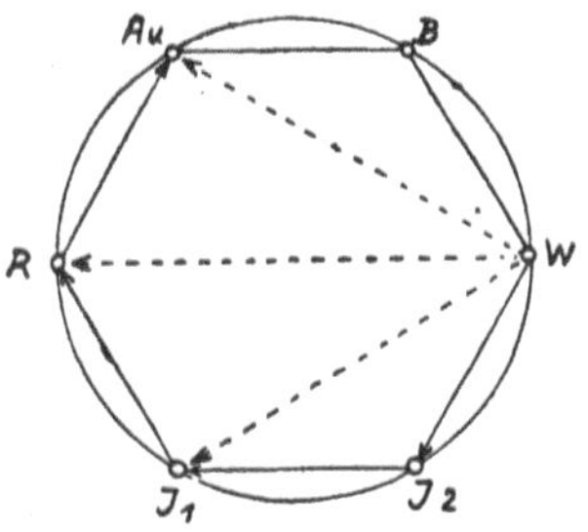

Au = Aussteller
B = Bezogener
R = Remittent (Nehmer)
I_1 = erster Indossant
I_2 = zweiter Indossant
W = Wechselbesitzer (letzter)

Der letzte Wechselinhaber W besitzt in obigem Beispiel beim Rückgriff (Regreß) vier Möglichkeiten: er kann zurückgreifen

auf Indossant 2 oder
auf Indossant 1 oder
den Remittenten (Nehmer) oder
auf den Aussteller.

Auf wen kann Indossant 2 zurückgreifen?

Wenn der Rückgriff genau in der Reihenfolge der Indossamente erfolgt, spricht man von Reihenregreß. Wird die Reihenfolge nicht eingehalten (I_2 greift z. B. auf R zurück, indem er I_1 „überspringt"), so entsteht ein Sprungregreß.

Wer Rückgriffzahlung geleistet hat und dann selbst Rückgriff nimmt, durchstreicht sein eigenes und seiner Nachmänner Indossament.

Es ist zu merken: alle, die den Wechsel ausgestellt, angenommen, indossiert oder mit einer Bürgschaftserklärung versehen haben, haften für die Wechselsumme als Gesamtschuldner. „Einer für alle, alle für einen."

Der Rückgriff ist auch vor Fälligkeit des Wechsels möglich, wenn

a) die Annahme ganz oder teilweise verweigert wurde,
b) der Bezogene zahlungsunfähig geworden ist,
c) der Aussteller zahlungsunfähig geworden ist und die Vorlegung des Wechsels zur Annahme untersagt hat (selten).

Rückgriffanspruch. Der Rückgriffnehmer kann fordern:

a) die Wechselsumme,
b) Zinsen vom Verfalltag an (1% über Wechseldiskont),
c) Protestkosten,
d) 1/3% Vergütung (Provision) von der Wechselsumme,
e) sonstige Spesen.

Über diese Beträge stellt der Rückgriffnehmer seinem Vormann eine Rechnung, die Rückgriffrechnung, und übergibt bzw. übersendet diese nebst Wechsel und Protesturkunde dem Rückgriffzahler. Dieser, der die Rückgriffsumme bezahlt oder dafür das Kontokorrent* seines Geschäftsfreundes erkannt hat, nimmt nun seinerseits Rückgriff, und so geht es fort bis zum Aussteller. Jeder Rückgriff ist mit neuen Kosten verbunden. Es ist deshalb dem Aussteller angenehm, wenn der letzte Wechselinhaber sofort auf ihn zurückgreift (Sprungregreß). Zuweilen macht der letzte Wechselinhaber alle Vormänner haftbar und diese zahlen dann gemeinsam (Kumulativklage).

Indossamente mit Vermerken

1. Das Rektagiro. Es besteht aus der Rektaklausel, also aus dem Wörtchen „nur" oder „nicht an Order". Der Indossant verbietet dadurch das Weitergeben des Wechsels. Wird dieser dennoch giriert, dann haftet der Indossant nur seinem Nachmann. Das Rektagiro enthält also eine Beschränkung der Haftung.

* Den Rückgriffschuldner lediglich im Kontokorrent zu belasten, ist Vertrauenssache; denn dadurch wird aus der Wechselschuld eine Kontokorrentschuld.

2. Das Giro ohne Obligo. Es lautet „Ohne Obligo", „Ohne Gewähr", „s. o." (= sine obligo) oder „Ohne Garantie". Man nennt es auch „Angstgiro" (Angstklausel). Durch dieses Giro schließt der Indossant seine Haftung aus, setzt aber damit die Qualität des Wechsels herab.

3. Erlaß des Protestes. Schreibt ein Indossant zu seinem Indossament den Vermerk „ohne Protest" oder „ohne Kosten" (o. P., o. K.), so erklärt er sich damit für haftpflichtig selbst dann, wenn kein Protest erhoben wird. Dieser Vermerk ist jedoch kein Protestverbot*

Alle drei Fälle sind in der Praxis so selten, daß ihnen nur wenig Bedeutung zukommt.

Abwendung des Protestes und Abkürzung des Rückgriffs

1. Die Prolongation. Auf Ansuchen des Wechselschuldners kann der Aussteller den Zahlungstag hinausschieben; er kann den Wechsel prolongieren (= verlängern), indem er einen späteren Zahlungstermin festsetzt. Dies ist aber nur möglich, wenn er den Wechsel noch in Händen hat. Er setzt dann auf den Wechsel einen Prolongationsvermerk, z. B. „prolongiert bis 1. Juli des Jahres". Oder er zieht einen anderen Wechsel mit späterem Zahlungstermin, wobei er die Wechselsumme um die anfallenden Zinsen und Unkosten erhöht.

Hat aber der Aussteller den Wechsel schon weitergegeben, so ist eine Prolongation nicht mehr möglich. Er sendet dann häufig zum Schutz des Ansehens seiner Firma sogar die Wechselsumme dem Akzeptanten, falls ihm dieser ausreichend kreditfähig erscheint.

Ein Kaufmann, der auf guten Ruf bedacht ist, wird einen von ihm gezogenen Wechsel nur dann weitergeben, wenn er von der Zahlungsfähigkeit des Bezogenen überzeugt sein kann.

2. Ehreneintritt eines Dritten. Unter Ehreneintritt oder Intervention (= das Dazwischentreten) versteht man den Eintritt einer dritten Person, die den Wechsel im Falle der Not bezahlt (oder annimmt). Honorant (= der Ehrende) ist derjenige, der im Notfall zahlt (oder annimmt). Als Honorat (= der Geehrte) gilt die Person, für die bezahlt oder angenommen wird. Man will diese Person durch das Eintreten „ehren", man will ihr dadurch eine „Ehre" erweisen.

Die Adresse des Ehrenzahlers (Honoranten) wird gewöhnlich unter den Namen des Bezogenen gesetzt (Notadresse), z. B. „Im Falle der Not" oder „Nötigenfalls bei Herrn N." oder „Falls bei Herrn N.". Der Ehreneintritt ist selten. Der Honorant bezahlt natürlich nur nach erfolgtem Protest und ist verpflichtet, den Geehrten innerhalb zweier Werktage hiervon zu benachrichtigen.

* Ein Protestverbot im Sinne des Nichterlaubtseins gibt es überhaupt nicht, d. h. es kann niemand daran gehindert werden, vom Protest Gebrauch zu machen.

Die Wechselbürgschaft (Der Aval)

Unter Wechselbürgschaft versteht man die Mitunterzeichnung für einen Wechselbeteiligten mit dem Zusatze „als Bürge" oder per aval (aval arab. = Bürgschaft, aval lat. = darunter). Der Name des Bürgen kommt nämlich unter eine bereits vorhandene Unterschrift. Der Wechselbürge haftet in der gleichen Weise wie derjenige, für den er sich verbürgt, d. h. er übernimmt dessen Pflichten und Rechte. Eine solche Bürgschaft heißt offene Bürgschaft.

Eine verschleierte Bürgschaft entsteht, wenn jemand, wie das zumal Geldinstitute zu tun pflegen, den Wechsel „in sein Giro nimmt" (Haftung als Indossant). Er läßt sich den Wechsel durch Indossament übertragen und giriert ihn dann weiter.

Wenn schon bei jeder Bürgschaft Vorsicht am Platze ist, so besonders bei der Wechselbürgschaft.

Was ist nach dem bisher Gesagten ein Wechsel?

Der Wechsel ist eine Schuldurkunde, die eine vom Gesetz genau vorgeschriebene Form besitzen muß.

Er ist aber auch ein Geldersatzpapier, also ein Zahlungsmittel, und dient als solches der Einschränkung des Bargeldumlaufes.

Endlich ist er durch die gesetzliche Wechselstrenge das wichtigste Kreditmittel des Kaufmanns.

Ausfertigung mehrerer Stücke eines Wechsels; Wechselabschriften

Man unterscheidet zwei Arten der Vervielfältigung eines Wechsels:

1. Duplikat (= Zweitschrift) oder Ausfertigung. Ausfertigungen können nur vom Aussteller ausgestellt werden, so daß jede derselben eine Urschrift ist. Sie müssen im Text der Urkunde mit laufenden Nummern versehen werden (erste, zweite, dritte usw. Ausfertigung, Prima, Sekunda, Tertia), damit nicht jede Ausfertigung als besonderer Wechsel gilt.

Durch den bekannten unwesentlichen oder kaufmännischen Bestandteil „Primawechsel" oder „erste Ausfertigung" soll angedeutet werden, daß sich bei diesem Wechsel die Notwendigkeit weiterer Ausfertigungen ergeben kann.

2. Abschrift oder Kopie. Jeder Inhaber eines Wechsels kann Abschriften in beliebig vielen Exemplaren anfertigen. Nur muß die Abschrift die Urschrift genau wiedergeben und am Schluß unter dem letzten Indossament die Bemerkung „bis hierher Abschrift" enthalten.

Zweck. Der Grund der Vervielfältigung kann sein

1. Erhöhung der Sicherheit bei Tratten, die nach Übersee verschickt werden,

2. Beschaffung eines Ersatzes für einen verlorengegangenen Wechsel,
3. Beschleunigung des Wechselumlaufes bei Einholung des Akzeptes.

Akzeptiert wird nur die erste Ausfertigung bzw. die Urschrift. Sie trägt auf der Vorderseite den ausdrücklichen Vermerk: „Nur zum Akzept."

Indossiert wird die zweite Ausfertigung bzw. die Kopie.

Versteuert wird nur das in Umlauf gesetzte Exemplar. Die nicht versteuerte Ausfertigung enthält einen Hinweis auf die versteuerte Ausfertigung.

Der angenommene Wechsel wird bis zum Verfalltag bei einem Geschäftsfreund oder einer Bank verwahrt. Dies muß ersichtlich sein aus dem Verwahrungsvermerk, den die zweite Ausfertigung (Sekunda) bzw. die Kopie auf der Vorderseite tragen muß, etwa mit den Worten: „Die angenommene erste Ausfertigung (die akzeptierte Prima- bzw. Urschrift) befindet sich bei der Bayerischen Vereinsbank in München."

Einziehen der Wechselsumme. Der letzte Wechselinhaber erhält gegen Vorzeigung der Sekunda bzw. Kopie die erste Ausfertigung bzw. die Urschrift* und nur gegen Vorzeigung beider Formulare vom Akzeptanten das Geld.

Quittieren muß der Empfänger auf der ersten Ausfertigung bzw. der Urschrift.

Abhandengekommene Wechsel

Erforderliche Maßnahmen:

1. Sofortige Benachrichtigung der beteiligten Personen.
2. Anzeige beim Amtsgericht des Zahlungsortes zwecks Ermittlung des derzeitigen Inhabers.
3. Beantragung der Kraftloserklärung (Amortisation), ebenfalls beim zuständigen Amtsgericht, wenn die Anzeige nach 2 ohne Erfolg.
4. Anfertigung eines Duplikates unter Benutzung des Wechselskontros nach erfolgter Kraftloserklärung (Wichtigkeit der Vervielfältigung!).

Ist der Wechsel inzwischen fällig geworden, so kann auf Grund der Kraftloserklärung die Wechselsumme vom Annehmer gefordert werden.

Verjährung

Wenn die Ansprüche aus dem Wechsel nicht innerhalb einer gewissen Zeit geltend gemacht werden (z. B. durch Klage), so verjähren sie, d. h. das Forderungsrecht erlischt.

Verjährungsfristen.

3 Jahre vom Verfalltage ab bei Ansprüchen des Ausstellers, der Indossanten und des letzten Inhabers gegen den Akzeptanten.

---

* Wird die Auslieferung verweigert, muß Protest mangels Auslieferung erhoben werden.

1 Jahr vom Protesttage ab oder bei „o. K." vom Versalltage ab bei Ansprüchen des letzten Inhabers gegen die Indossanten und den Aussteller.

6 Monate vom Tage der Einlösung ab durch einen Indossanten bei Ansprüchen gegen die Vormänner.

Mißbrauch des Wechsels

1. Falscher Wechsel. Ein Wechsel ist falsch, wenn jemand mit einem fremden Namen unterschreibt.

2. Gefälschter Wechsel. Ein Wechsel ist gefälscht, wenn der ursprünglich richtige Inhalt in verbotener Weise geändert wurde durch Korrektur, Zusatz, Durchstreichen, Radieren usw.

3. Rechtliche Wirkung eines gefälschten Wechsels.

a) Bei gefälschten Zahlen und Tagesangaben entscheidet der Inhalt zur Zeit der Unterschrift.

b) Bei gefälschten Personennamen haftet der Namensträger nicht. Die richtigen Unterschriften behalten ihre Gültigkeit und haften wechselmäßig weiter.

4. Kellerwechsel. Das ist ein Wechsel, der das Tageslicht zu scheuen hat, weil er die Namen wechselverpflichteter Personen trägt, die nicht vorhanden sind.

5. Wechselreiterei. Wenn zwei geldbedürftige Personen aufeinander trassieren, um sich Geld zu verschaffen.

Strafrechtliche Folgen. Wechselfälscher und Wechselreiter werden wegen Urkundenfälschung bzw. Betrugs verfolgt.

Wechselklage

1. Die Parteien. Kläger ist der augenblickliche Wechselinhaber. Er kann sich aus seinen Vormännern den Beklagten aussuchen. Weil der Aussteller kein Regreßrecht hat, sind die am meisten vorkommenden Wechselklagen die des Ausstellers gegen den Akzeptanten.

2. Zuständigkeit. Sachlich zuständig ist bei Wechselklagen bei Beträgen bis DM 500.— das Amtsgericht, über DM 500.— das Landgericht.

Örtlich zuständig ist das Gericht, in dessen Bezirk der Zahlungsort oder der Wohnort des Beklagten liegt.

3. Besonderheiten. Der Kläger muß, wenn er seinen Vorteil wahrnehmen will, im Wechselprozeß klagen und dies in der Anklageschrift betonen. Wechselklagen zeichnen sich durch die Kürze ihres Verfahrens aus. Der Verhandlungstag wird beschleunigt festgesetzt. Die sogenannte Einlaßfrist, d. h. die Zeit zwischen Zustellung der Klage und Verhandlungstag, beträgt 24 Stunden bis höchstens eine Woche.

Einreden werden nur zugelassen, wenn sie sich aus dem Wechselrecht ergeben, z. B. Fehlen eines wesentlichen Bestandteiles, Protestversäumnis usw.

Als Beweismittel dienen nur Urkunde und Eid.

Das Urteil ist sofort vollstreckbar.

Das Diskontieren der Wechsel

Bei einem Wechsel unterscheidet man Nennwert und Barwert. Der Nennwert entspricht der im Wechseltext „genannten" Summe. Dieser ist erst am Verfalltag vorhanden.

Verkauft jemand einen Wechsel, so werden ihm für die noch vorhandene Laufzeit Zinsen abgezogen, die man Diskont nennt. Der Wechsel wird diskontiert.

Privatbanken berechnen hierbei häufig noch eine Provision.

Die Landeszentralbank verlangt zwar keine Provision, verzichtet aber nicht auf Mindesttage und Mindestnummern. Da bei der Landeszentralbank der Mindestdiskont 50 Pf. beträgt, ist die Mindestnummer stets die die Hälfte des Zinsdivisors $\frac{360}{\text{Zinsfuß} \times 2}$

Eine Privatbank diskontiert z. B. am 16. November einen am 1. Dezember fälligen Wechsel:

Wechselsumme		DM 1200.—
Diskont 15/4%	DM 2.—	
1/8% Provision	DM 1.50	DM 3.50
	Wert am 16. November	DM 1196.50

Die Landeszentralbank diskontiert am 28. Juni einen am 1. Juli fälligen Wechsel:

Wechselsumme		DM 4500.—
Diskont 10/5% (10 Mindesttage		DM 6.25
	Wert am 28. Juni	DM 4493.75

Der eigene Wechsel

> München, den 1. April 19..
>
> Am 1. Juni 19.. zahle ich gegen diesen Solawechsel an Herrn August Freund, Augsburg, DM 1000.—
>
> DM Eintausend
>
> Ernst Zahler

Die wesentlichen Bestandteile des eigenen oder Solawechsels sind die gleichen wie beim gezogenen oder trassierten Wechsel, doch gibt es bei ihm keinen Bezogenen. Also hat er nur 7 wesentliche Bestandteile.

Solawechsel (= Alleinwechsel) heißt er deshalb, weil von ihm keine Vervielfältigung ausgestellt werden kann.

Zweck. Eigene Wechsel sind selten, dienen fast nur als Sicherung für eine Schuld und werden meistens nur als Kautions-* oder Depotwechsel** verwendet, indem sie hinterlegt werden.

Eine Versendung nach Übersee ist nicht üblich, da von dem eigenen Wechsel keine Zweitschrift hergestellt werden kann. Deshalb heißt er auch „Trockenwechsel".

Für den eigenen Wechsel gelten, soweit sie nicht mit seinem Wesen in Widerspruch stehen, alle für den gezogenen Wechsel gegebenen Vorschriften.

Der Ausstellungsort muß nicht zugleich Zahlungsort sein!

Unterschied zwischen gezogenem und eigenem Wechsel

Gezogener Wechsel	Eigener Wechsel
8 gesetzliche Bestandteile.	7 gesetzliche Bestandteile.
Wird vom Gläubiger ausgestellt.	Wird vom Schuldner ausgestellt.
Zahlungsaufforderung „Zahlen Sie".	Zahlungsversprechen „Ich zahle".
Kann vervielfältigt werden.	Kann nicht vervielfältigt werden.
Annahme möglich und erwünscht.	Annahme ausgeschlossen.
Eigene Order möglich.	Eigene Order unzulässig.
Wird häufig indossiert.	Wird selten indossiert.
Selten Rektawechsel.	Meist Rektawechsel.
Allonge oft notwendig.	Allonge kaum notwendig.
Prolongation möglich.	Prolongation wohl möglich, aber in der Praxis nicht üblich.
3 Wechselpersonen.	2 Wechselpersonen.
Gezogener Wechsel sehr häufig.	Eigener Wechsel selten.
Wird häufig diskontiert.	Wird selten diskontiert.
Kann nach Übersee versandt werden.	Kann nicht nach Übersee versandt werden.
Bürgschaft selten.	Bürgschaft häufig.

Die handelsüblichen Bezeichnungen im Wechselverkehr

Der Kaufmann unterscheidet Besitzwechsel (= Wechsel, die nicht auf ihn gezogen sind) und Schuldwechsel (= Wechsel, die auf ihn gezogen wurden, bei denen er also der Bezogene oder Trassat ist).

* Kaution vom lat cavere = sich vorsehen

** Depot (frz.) vom lat deponere = hinterlegen.

Für Besitz und Schuldwechsel führt er besondere Bücher, Skontren genannt (Einz. Skontro), in denen jeder Wechsel eine fortlaufende Nummer besitzt. Die Banken führen „Lose Blatt-Skontren".

Gutschrift „E. v."

Wechsel — Skontro — Inkasso

Skontro-Nr.	Verfall	Betrag
		DM

Herein:	Hinaus:
am:	am:
von: Bayerische Gemeindebank (Girozentrale)	an:
A | B | K	A | B | K
	Niederlassung:

Wechselskontro bei einer Bank (loses Blatt)

Die handelsüblichen Bezeichnungen sind aus folgender Übersicht ersichtlich:

Besitzwechsel (oder nur „Wechsel")	Schuldwechsel
Aktivwechsel	Passivwechsel
Rimesse	Tratte
meine Ziehung	seine Ziehung
sein Akzept	mein Akzept

Die Bezeichnung „Akzept" wird selbstverständlich nur dann angewandt, wenn der Wechsel auch wirklich akzeptiert ist.

Die Besitzwechsel verwahrt der Kaufmann in seinem „Wechselportefeuille" (= Wechselmappe).

Wo sich seine Schuldwechsel befinden, ist ihm unbekannt.. Er sieht diese meist nur zweimal: bei der Annahme und bei der Einlösung.

Es kommt vor, daß ein Schuldwechsel durch Girieren als Besitzwechsel in die Hände des Bezogenen gelangt, so daß dann für den Wechselinhaber dieser Wechsel zugleich Besitz- und Schuldwechsel ist. Wird ein solcher Wechsel nicht mehr weiter in Umlauf gesetzt, so entfällt am Verfalltag die Einziehung bzw. Einlösung. Der Inhaber muß dann eine Buchung vornehmen, aus der dies deutlich ersichtlich ist, z. B.

S c h u l d w e c h s e l an B e s i t z w e c h s e l: Verfall von Schuldwechsel Nr. 7, gleichbedeutend mit Besitzwechsel Nr. 29.

Wie gehen die Wechsel beim Kaufmann ein und aus?

Der Kaufmann gelangt in den Besitz von Aktivwechseln,

1. indem er selbst zieht (Wechsel von der Hand).
2. Er erhält den Wechsel von einem Kunden als Zahlung.
3. Durch Kauf.

Aktivwechsel gehen aus,

1. wenn der Kaufmann seinen Lieferer (oder sonst jemand) mit einem Wechsel bezahlt.
2. Durch Verkauf (Diskontierung).
3. Durch Verfall (Einziehen der Wechselsumme).

Für den Kaufmann entsteht ein Passivwechsel,

1. wenn der Lieferer (oder ein anderer) auf ihn zieht;
2. wenn er Bürgschaft für den Bezogenen leistet und dieser nicht zahlen kann.

Der Kaufmann entledigt sich seiner Schuldwechsel,

1. indem er sie am Verfalltag bezahlt;
2. indem er einen Schuldwechsel, der zufällig an ihn indossiert wird, nicht mehr weitergibt. Dabei verschlingt der Schuldwechsel ein gleich hohes Guthaben.

Welche Vorteile bietet der Wechsel dem Kaufmann?

Er verschafft dem Aussteller gedeckte Buchforderungen.

Der Aussteller kann schon vor Fälligkeit eines Guthabens über dieses verfügen, indem er den Wechsel indossiert. „Wer einen Wechsel weitergibt, braucht Geld."

Der Wechselinhaber kann den Wechsel schon lange vor Verfall einer Bank zur Gutschrift übergeben (Diskontierung).

Die unangenehmen Stundungen werden durch den Wechsel auf ein Mindestmaß beschränkt.

Der Wechsel verschafft seinem Inhaber vorteilhafte Rechtsverhältnisse (Wechselstrenge).

Der Wechselinhaber kann am Verfalltag ohne Aufschub Zahlung verlangen.

Der Wechsel erleichtert den Kreditverkehr wesentlich, insbesondere zwischen Lieferer und Kunden (Kommissionstratte).

„Der Wechsel ist das wichtigste Kreditmittel des Kaufmanns."

ZUSAMMENFASSENDE RÜCKSCHAU AUF DIE VORTEILE DES BARGELDLOSEN ZAHLUNGSVERKEHRS

Schonung des umlaufenden Papiergeldes. Die heute umlaufenden Barzahlungsmittel würden ohne bargeldlose Zahlung nicht annähernd dem Bedarf genügen.

Fortfall von Fehl- und Mehrbeträgen beim Abzählen des Geldes.

Der Kaufmann ist nicht mehr gezwungen, große Barbeträge bei sich zu führen. Es genügt, wenn er sein Scheckbuch bei sich hat.

Sein Geld ist geschützt vor Diebstahl und Feuersgefahr.

Der bargeldlose Zahlungsverkehr schützt vor der Einnahme gefälschter oder verfallener Zahlungsmittel.

Er spart Zeit und Mühe, die durch Abzählen, Ordnen und Prüfen des Geldes bedingt sind.

Es werden Kosten vermieden (z. B. für den Versand des Geldes, in großen Betrieben sogar Personalkosten).

Der bargeldlose Zahlungsverkehr fördert den so unentbehrlichen Kreditverkehr, wobei der Wechsel eine besondere Rolle spielt.

Da die Banken unter sich Giroverbindung haben, können von und nach fast allen Plätzen des Landes Zahlungen überwiesen werden.

Endlich dient der bargeldlose Zahlungsverkehr dem Staat, denn er gewährleistet Einschränkung des Papiergeldumlaufes und einen raschen Einblick in die Finanzlage, fördert das Bank- und Postscheckwesen und verschafft dadurch vielen Staatsbürgern Erwerb und Brot.

AUFGABEN

1. Ich (Ludwig Bitzer in München) verkaufe am 15. Dezember 19.. an Alois Haberl in Rosenheim Waren für DM 648.70, Ziel 2 Monate. Ich ziehe vereinbarungsgemäß auf den Kunden einen Wechsel, den dieser am 17. Dezember akzeptiert und versteuert. Den Wechsel übergebe ich am 19 Dezember meinem Lieferer Karl Fendt der ihn am 4. Januar an Isidor Buch in Rosenheim indossiert. Letzterer zieht am Verfalltag die Wechselsumme ein.

   Schreibe den Wechsel!

2. Ich (Ernst Römer in München) entnehme am 1. Mai 19.. auf meinen Kunden Fritz Wagner in Augsburg DM 2500.—, Verfall 15. Juni, Order eigene. Der Kunde akzeptiert am 3. Mai, versteuert den Wechsel und stellt ihn bei der Bayerischen Vereinsbank in München zahlbar. Ich indossiere den Wechsel am 20. Mai an Karl Fendt. Dieser gibt ihn am 10. Juni an Josef Sager in Miesbach weiter, der mit diesem Wechsel am 30. Juni seinen Lieferer Fritz Hartmann in München bezahlt. Dieser übergibt ihn am 13. Juli der Bayerischen Hypotheken- und Wechsel-Bank München zur Einziehung und Gutschrift.

   Schreibe den Wechsel!

3. Xaver Reichart hat von Fritz Hartmann einen Wechsel erhalten, der am 16. Oktober 19.. in München von Otto Roth auf Hans Hefele in Starnberg gezogen und bei der Bayerischen Hypotheken- und Wechsel-Bank in München zahlbar gestellt wurde. DM 1200.— Order eigene. Der

erste Wechselinhaber gibt das Akzept an Wendelin Mayer weiter, der mit der Rimesse seinen Lieferer Paul Hotter bezahlt. Von diesem hat das 3-Monat-Papier Alois Jehle erhalten, der es an Fritz Hartmann girierte.

Der zweite Indossant beschränkt seine Haftung, während sie der vierte Indossant ganz ausschließt. Der letzte Wechselinhaber gibt den Wechsel seiner Bank zum Einzug.

Wie lautet der Wechsel?

4. Der Kunsthändler Hans Ganser in München erhielt von Magnus Bader folgenden Wechsel: DM 535.80, ausgestellt in München am 10. Juni 19.. von Karl Geyer, 2 Monate dato, Bezogener Georg Jehle in Freising, Order Leo Sontheim, zahlbar gestellt bei einer Bank in Rosenheim. Der erste Wechselinhaber gab das Akzept an Johann Härtle weiter, der damit eine Zahlung an Michael Filser leistete. Dieser girierte die Rimesse an Magnus Bader. Der Wechselinhaber schickt den Wechsel seinem Geschäftsfreund Anton Boneberg in Rosenheim mit der Bitte um Einziehung am Verfalltag.

Wie lautet der Wechsel, wenn das zweite Indossament mit einem Rektagiro und das vierte mit der Angstklausel versehen ist?

Welcher Formulare bedient sich die Post im Wechselverkehr?

1. Grau zur Einholung der Annahme.
2. Grün zur Geldeinziehung (nur bis DM 1000.—) ohne Protest.
3. Blau zur Geldeinziehung mit Protest.

www.ingramcontent.com/pod-product-compliance
Lightning Source LLC
LaVergne TN
LVHW090001031026
849161LV00020B/566